非凡成长系列

马拉拉·优素福扎伊
为梦想而战

非凡成长系列

马拉拉·优素福扎伊
为梦想而战

［英］里巴·努·可汗　著

［意］丽塔·佩鲁乔里　绘

苏艳飞　译

马拉拉·优素福扎伊是谁？

马拉拉·优素福扎伊

1997 年 7 月 12 日，马拉拉·优素福扎伊出生于巴基斯坦西北边境地区——美丽的斯瓦特河谷。

　　马拉拉的爸爸是一名教师，对教育事业充满热情。爸爸妈妈常常鼓励马拉拉在学校要好好学习。

　　马拉拉对学习乐此不疲，从物理到政治没有她不喜欢学的。在班上，她的成绩总是名列前茅。

马拉拉小时候的生活充满了欢乐。她经常同好朋友以及两个弟弟到壮观的瀑布边、美丽的小山上玩耍。直到有一天，美丽的斯瓦特河谷来了一群武装分子，战火蔓延到她的家门口。她的生活被彻底搅乱了。

小贴士

塔利班：来到马拉拉生活的斯瓦特河谷的这群武装分子就是塔利班的一个分支，他们禁止女性投票、上学，甚至不允许女性独自出行。

3

马拉拉和她的爸爸拒绝对遭受的不公正待遇保持沉默。他们勇敢地公开表达自己的不满。马拉拉坚持上学，不过只能秘密进行。她把书藏起来，把校服也藏起来，每天穿着她的日常衣服去上学。巴基斯坦政府军将塔利班分子赶走后，马拉拉和女孩们终于能够重返校园。不久后，马拉拉就因不畏惧塔利班武装分子的威胁而声名远扬。

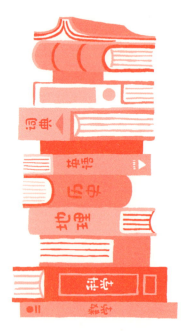

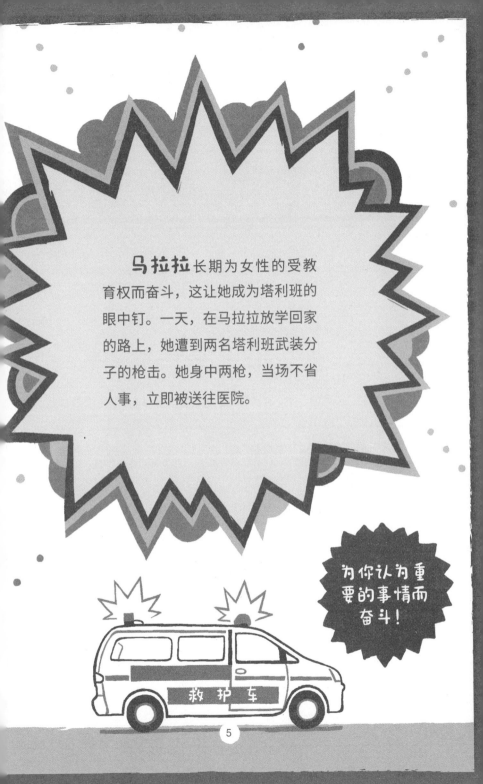

马拉拉长期为女性的受教育权而奋斗，这让她成为塔利班的眼中钉。一天，在马拉拉放学回家的路上，她遭到两名塔利班武装分子的枪击。她身中两枪，当场不省人事，立即被送往医院。

为你认为重要的事情而奋斗！

救护车

"极端分子袭击

马拉拉

恰好证明了他们

最害怕什么，

那就是他们最害怕

有知识有文化的女孩。"

——潘基文（联合国前秘书长）

　　马拉拉奇迹般地从枪击中幸存下来。这个临危不惧、坚忍不拔的女孩后来获得了"诺贝尔和平奖"。

　　马拉拉拥有一段不平凡的人生。让我们回到马拉拉生活过的斯瓦特河谷，那是一切开始的地方……

斯瓦特河谷

斯瓦特河谷位于巴基斯坦的西北部，这里是马拉拉出生、长大的地方。斯瓦特河谷以其旖旎的自然风光闻名于世，每年吸引着成千上万的游客来此观光游玩。

你知道吗？
英国女王也曾到过斯瓦特河谷！

"我们生活在世界上最美丽的地方。
我们的斯瓦特河谷素有
人间仙境的美誉。
这里有如银白色巨型水幕般奔流
直下的大瀑布，还有如水晶般
清澈平静的湖泊……"

斯瓦特河谷的河流盛产鳟鱼，田野和山丘上芳草茵茵，矿脉里深埋着珍贵稀有的翡翠，山中水果琳琅满目。这个神奇的地方就是马拉拉和两个弟弟的家乡。

马拉拉出生之时，家里一贫如洗，不过斯瓦特河谷的青山绿水和丰富的物产让马拉拉一家内心感到无比充实。

9

马拉拉名字的由来

　　1880年，在阿富汗尘土飞扬的平原上，一位名叫马拉莱的年轻女子英勇无畏，创造了一段传奇的历史。那时，阿富汗正处在战争的水深火热之中，她义无反顾，奔赴前线。她鼓励战士，给他们勇气和信心。虽然最后马拉莱在枪林弹雨中不幸中弹身亡，但是她奋勇保家卫国的精神鼓舞着战士们。战士们在战场英勇杀敌，最终赢得了战争，保卫了家园，改变了阿富汗历史的进程。

　　1997年，另一个女孩出生了。她的爸爸仿照英勇无畏的女英雄**马拉莱**的名字为她取名为"马拉拉"。人如其名，这个**马拉拉**也大胆无畏，为自己的信仰，为争取女性平等受教育权义无反顾，挺身而出。马拉拉的言行激励了成千上万人。

马拉拉的一家

马拉拉的爷爷

马拉拉的爷爷为了接受更好的教育，远赴印度求学。他学成归乡，成为一名教师。她的爷爷从当时的伟人身上学习到很多，如有"印度国父"之称的莫罕达斯·卡拉姆昌德·甘地和巴基斯坦国父穆罕默德·阿里·真纳。真纳的演讲非常鼓舞人心。他经常去村子里的清真寺给村民们讲世界大事和历史知识，还有《古兰经》上的故事。他讲得娓娓动听，吸引了很多村民前去聆听。马拉拉的爷爷很喜欢读诗。他会说波斯语、阿拉伯语，当然还有他的母语普什图语。马拉拉的爷爷非常严厉，对子女有一套非常高的标准。马拉拉的爸爸总是努力做好每一件事，想让他为自己感到骄傲。

莫罕达斯·卡拉姆昌德·甘地（1869—1948）：被人们尊称为"圣雄甘地"，他倡导以非暴力的斗争方式来解决问题。在甘地的领导下，印度人民以非暴力的方式反抗英国殖民统治。

穆罕默德·阿里·真纳（1876—1948）：巴基斯坦的创建者，第一任总统。他希望建立一个和平和谐的国家。

马拉拉的爸爸

马拉拉的爸爸叫齐亚丁·优素福扎伊。齐亚丁小时候长得矮，皮肤黝黑，经常被同龄的孩子欺负。他口吃很严重，说话结结巴巴，每说一句话都相当费力。他常常因此而自惭形秽。齐亚丁想方设法讨父亲开心（可是他的父亲很难取悦）。一次，尽管齐亚丁有严重的口吃，他还是决定去参加演讲比赛。那时他们所在的村子很落后，没有电，家里也很穷，买不起照明用品，只能借助一盏小小的油灯来学习。为了这次演讲比赛，他没日没夜地练习。功夫不负有心人，最后他竟然在演讲比赛中得了第一名！

获奖的齐亚丁看到父亲脸上洋溢着自豪的笑容，还为他鼓掌，他感到欣喜若狂。不过，最为重要的是，他知道如何将劣势转化为前进的动力。他一如既往勤奋学习，成长为一个心地善良、慷慨大方、意志坚定的人。

马拉拉的妈妈

马拉拉的妈妈叫索尔·佩卡。索尔·佩卡小时候是一个很聪明的女孩，但同斯瓦特河谷的许多女孩子一样，索尔·佩卡没有上过多长时间的学。

你知道吗？
在普什图语中，"索尔·佩卡"的意思是"乌黑的头发"。不过，马拉拉妈妈的头发却是棕色的。

索尔·佩卡的父亲鼓励她去上学，但是由于班里只有她一个女生，而且她看到表姐表妹们都不去上学，在家里玩耍，她也不愿意去上学了。她悄悄把书、本子卖了，还把卖的钱拿去买了糖吃！就这样，她辍学了。直到后来，索尔·佩卡遇到了齐亚丁，她开始后悔当初没有坚持上学。

马拉拉的爸爸妈妈是通过亲戚介绍相识的。他们一见钟情。齐亚丁花了九个月的时间好好表现，说服索尔·佩卡的父亲同意他们结婚，承诺会一辈子对索尔·佩卡好。齐亚丁常给索尔·佩卡写浪漫的诗歌和书信。这时，索尔·佩卡多么希望自己小时候能好好学习，这样她就能读懂这些诗歌和书信，也可以给齐亚丁写诗、回信了。齐亚丁认为教育和知识能解决巴基斯坦的所有问题，所以他非常想按自己的理念开办一所学校。善良的索尔·佩卡则愿意奉献一切帮助齐亚丁实现梦想。虽然她不识字，不会算术，但她冰雪聪明、外柔内刚，执行力超强。

"她是一个

伟大的人：

她不仅长得美，

心灵更美！"

——马拉拉对母亲的评价

多年来，**齐亚丁**孜孜不倦，不遗余力地行动，以达到创办学校的目标。他缺钱，也没有人帮忙，不过他以毅力和决心来支撑自己的行动，最后他终于找到一个合适的地方——明戈拉。齐亚丁在那里建立了一所学校，并开始招生。这所学校以一位伟大的普什图战士的名字命名——库萨尔学校。

你知道吗？
马拉拉弟弟的名字库萨尔就源于这位伟大的普什图战士。

在明戈拉的生活

索尔和齐亚丁结婚后，就搬去了学校所在地明戈拉。想到要搬去更大、更热闹的大城市，索尔非常兴奋，但是大城市的生活并不容易。他们拼尽全力才能勉强维持学校的日常运作并养活自己。有一年，这个地区因一场可怕的洪涝灾害，几近全毁。面对这些艰难困苦，他们的爱让他们紧紧相连，他们团结一致，一如既往相互扶持共渡难关。

1997 年 7 月 12 日，马拉拉出生了。齐亚丁对女儿的到来欣喜若狂，他给女儿写诗、写歌，仿照女英雄马拉莱的名字给她取名为马拉拉。这时他的学校已经有一百多名学生和六名教师。马拉拉和爸爸妈妈就住在学校的楼上。

马拉拉的爸爸除了管理学校，还要负责打扫学校卫生，粉刷墙壁，有时还要修补破损的教具。

你知道吗？

齐亚丁有恐高症，尽管如此，他还是爬到电线杆上挂宣传学校的横幅。

马拉拉学会走路后，学校就成了她的游乐场，她跌跌撞撞地在各间教室走进走出。那时，家里还是比较贫困，几乎没有节余的钱。他们甚至都买不起奶茶里需要的牛奶。但是，接下来几年，情况逐渐好转，越来越多的学生来报名上学，马拉拉一家的生活变得宽裕点了。当然这也是必然的事。在马拉拉的爸爸妈妈曾经看来是白日做梦时才可能完成的事，现在却变得越来越真实。他们计划再办一所学校，准备命名为马拉拉教育学院。

你知道吗？

马拉拉最喜欢的颜色是紫色和粉色。她最喜欢的歌手是贾斯汀·比伯。

　　马拉拉两岁的时候，弟弟库萨尔出生了；五年后，最小的弟弟阿塔尔也出生了。同斯瓦特河谷大多数家庭有七到八个孩子相比，马拉拉一家并不算人丁兴旺。

后来，他们搬了家，搬到一栋屋顶有大凉台的房子。每当夜晚降临，齐亚丁就会和朋友们聚在屋顶凉台，喝着奶茶，聊着天。**马拉拉**那时还小，但是好奇心强又聪明伶俐的她喜欢坐在大人们中间，听着他们谈天说地，听着蟋蟀的窃窃私语，看着夕阳西下，明月渐升，幸福的感觉油然而生。

这个宽敞的屋顶也是马拉拉最喜欢的地方。她在这里任由思绪飞扬，尽情畅想。

21

站在屋顶的凉台上可以将不远处的壮丽群山尽收眼底。最高山是埃鲁姆山，这座山呈金字塔造型，高耸入云，一团团白云像是绕着山峰跳舞。

马拉拉的家所在的区域以两个地名闻名：古尔卡达和菩提卡拉。

小贴士

古尔卡达的意思是花海。

菩提卡拉的意思是佛像之地。

现在生活在斯瓦特河谷地区的普什图人都是穆斯林，而在古代，这里有很多人是佛教徒，所以现在**马拉拉**家附近还有很多佛教寺庙、狮子塑像和佛教人物塑像，还有成百上千把佛教宝伞。马拉拉家的后花园就像一座宏伟的露天佛教博物馆。马拉拉和弟弟们经常在这儿玩藏猫猫的游戏，非常刺激好玩。

小贴士

宝伞在古印度是皇室和贵族的象征，是他们出行时的仪仗用具，后来被佛教吸收利用，成为佛教八大宝物之一，象征遮蔽魔障，守护佛法。

马拉拉的童年充满了欢声笑语，一家人相亲相爱，其乐融融。她是爸爸的"小棉袄"，和爸爸最亲近。当她遇到困难，或是心情不好的时候，她会第一时间向爸爸倾诉。

24

"马拉拉会像鸟儿一样

自由自在地长大。"

——齐亚丁·优素福扎伊

马拉拉和家人都盼望着开斋节的到来。节日来临时，他们全家就可以穿上节日盛装漂漂亮亮地回爷爷奶奶家过节。他们还会给亲人们带礼物，如玫瑰、开心果、糖果、漂亮的头巾、明戈拉产的药品等。

你知道吗？

　　伊斯兰教每年有两个重大的节日——开斋节和古尔邦节，在节日期间人们要去清真寺参加会礼，然后穿上节日的盛装，享用特色食物。

　　回爷爷奶奶家需要乘坐大巴车。通常，大巴车上绘有色彩斑斓的图案，装饰得非常漂亮，孩子们都争抢着要坐在尘土飞扬的车窗旁的位置。

　　回家的路上，大巴车会穿过郁郁葱葱的稻田和芳香四溢的杏园，随后艰难地爬上狭窄崎岖的盘山山路。每每上到高山上时，他们就会感到耳鸣，感觉耳朵都要炸了！马拉拉喜欢爷爷奶奶那个村子的原始自然风光。那里有清新的泥土，有挂在核桃树上的蜂箱，有香甜可口的蜂蜜，有五颜六色的蝴蝶，还有壮实的大水牛。

改变即将来临

　　虽然**马拉拉**喜欢普什图人的文化，如普什图人对客人慷慨大方，心系邻里，做事大胆勇敢等，但她内心深处明白有些地方是需要改变的。她同爸爸一样，认为男女应当平等，平等地接受教育，平等地抓住机遇。

　　马拉拉早就听说过邻国阿富汗的塔利班武装分子。她知道这些人为了他们的组织常使用武力，并且还炸毁女子学校。她感到非常庆幸，自己生活的斯瓦特河谷安然无恙，她能自由地上学。

不过，在塔利班武装势力渗入斯瓦特河谷之前，这里也并非完美无缺。那时，斯瓦特河谷地区没有垃圾回收站，人们习惯性地把垃圾随意倒在某个地方，久而久之，那里的垃圾堆积如山。我们能想象，这样的地方必定臭气熏天。马拉拉最讨厌的事情就是去倒垃圾！

　　一天，马拉拉倒完垃圾，一边屏住呼吸，一边拍打赶走苍蝇。突然，她看到垃圾堆上有什么东西在动，她吓了一跳。最后她才看清楚那是和她年纪相仿的一个女孩。这个女孩头发油腻腻的、乱糟糟的，满脸满手都脏兮兮的，脸上还有疤。她正在捡垃圾，然后将有用的垃圾装进袋子里。马拉拉得知许多孩子和这个女孩一样，成天在垃圾堆翻找金属垃圾，然后拿去卖钱。马拉拉知道这些后深深地感到不安和沮丧。

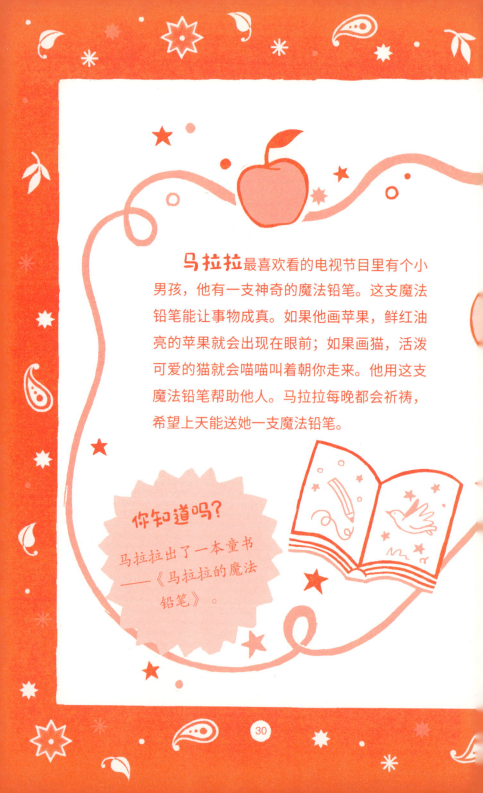

马拉拉最喜欢看的电视节目里有个小男孩，他有一支神奇的魔法铅笔。这支魔法铅笔能让事物成真。如果他画苹果，鲜红油亮的苹果就会出现在眼前；如果画猫，活泼可爱的猫就会喵喵叫着朝你走来。他用这支魔法铅笔帮助他人。马拉拉每晚都会祈祷，希望上天能送她一支魔法铅笔。

你知道吗？

马拉拉出了一本童书——《马拉拉的魔法铅笔》。

她渴望帮助他人，给人们带去快乐。她暗
自想：要是有能力了，我一定首先帮助那个在
垃圾堆捡垃圾的女孩。

战争爆发

　　马拉拉四岁的时候，2001 年 9 月 11 日，在地球另一端的美国纽约市，一次可怕的恐怖袭击发生了。一个叫"基地"组织的恐怖组织劫持了民航客机，撞向美国纽约的世界贸易中心，使成千上万个无辜平民伤亡。马拉拉生活在地球另一端，她还太小，不知道发生了什么，不知道战争和暴力正在向她所在的平静的斯瓦特河谷进发。

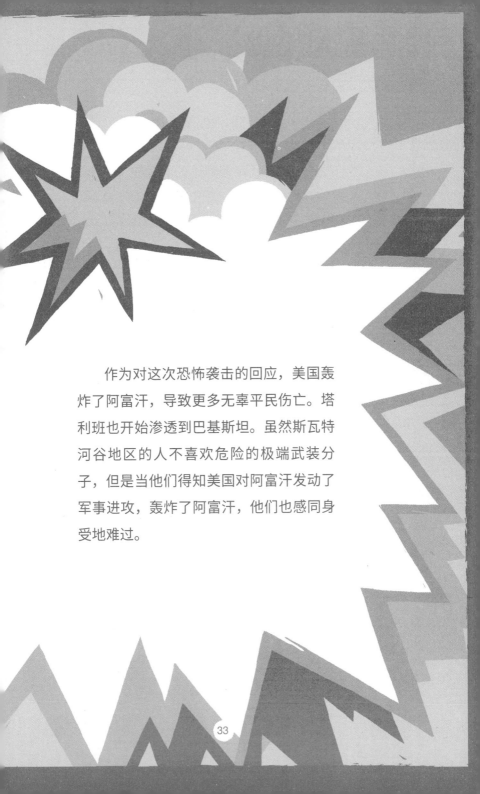

作为对这次恐怖袭击的回应，美国轰炸了阿富汗，导致更多无辜平民伤亡。塔利班也开始渗透到巴基斯坦。虽然斯瓦特河谷地区的人不喜欢危险的极端武装分子，但是当他们得知美国对阿富汗发动了军事进攻，轰炸了阿富汗，他们也感同身受地难过。

支持极端武装塔利班的人数在不断增长，2004 年，美国向巴基斯坦发射了第一枚导弹。许多普通老百姓感到腹背受敌：一边是塔利班，他们做事极端、观念极端；另一边是美国，他们轰炸塔利班武装的驻地，牵连无辜百姓。**马拉拉**的爸爸和他的朋友们召集当地人开了一次和平会议，有 150 多人与会。

"战争来了，

战火马上就要蔓延到

我们的家门口了。

让我们团结一致、齐心协力，

将战火扼杀在摇篮中吧！"

——齐亚丁·优素福扎伊

塔利班来了

塔利班组织的一个分支来到斯瓦特河谷时，马拉拉还不到十岁。塔利班武装分子及他们的首领毛拉·法兹卢拉想尽一切办法争取当地人的支持。他们宣称会帮助穷人，打击贪污腐败。

2005 年 10 月，一场可怕的地震摧毁了斯瓦特河谷人们原有的生活，而塔利班积极帮助灾民，这让许多村民视塔利班组织为灾后的救世主。

你知道吗？

这次地震是斯瓦特河谷地区有史以来遭遇的最为严重的地震之一。马拉拉和朋友们四处奔走，筹集善款，帮助灾后的幸存者们。许多国家也纷纷施以援手，但由于受灾地区大多是偏远农村，直升机都很难着陆，无法及时运送救援物资到灾区。最后，大多数食物和医疗救援物资都来自地方组织，其中就有塔利班的分支。

援助
面粉

塔利班组织宣称女性应该待在家里，少说话不议论，更别说上学了。他们声称这是伊斯兰教的经典著作《古兰经》的教义。马拉拉的爸爸齐亚丁告诉家人，这是塔利班的一派胡言罢了，不要理会。

　　事实上，伊斯兰教的创建者穆罕默德的妻子卡迪嘉就是一位非常能干的女性。穆罕默德非常尊敬她。马拉拉在学校里了解到卡迪嘉的事迹，她马上想到了奶奶。她的奶奶同许多普什图女性一样坚忍不拔，爷爷因病卧床后，奶奶既要照顾爷爷，还要独自抚养八个孩子。

塔利班曲解《古兰经》

　　由于许多巴基斯坦人不懂阿拉伯语，而《古兰经》是由阿拉伯语写成的，所以塔利班的一些人就利用人们的无知，曲解《古兰经》的教义，宣扬塔利班的极端思想。这些人要么是故意错误地翻译《古兰经》，要么就是胡编乱造！

随着时间的推移，塔利班组织愈发直言不讳地宣扬他们的极端思想，认为女孩不该上学。由于很多人家里都没有电视，所以塔利班组织就通过电台传播他们的极端思想，许多人都信以为真了。

马拉拉爸爸的学校有几位老师就接受了塔利班组织的观念。他们遵照塔利班的指示，拒绝给女孩子上课。还有一些女学生也不去上课了，因为她们害怕惹恼了塔利班组织。对像马拉拉这样继续上学的女孩，塔利班会公开辱骂她们。

　　马拉拉不得不把校服藏起来，把书本藏起来，走路时低着头，祈祷着在上下学的路上没有人拦下她。

理发店

塔利班甚至关闭了电影院、菜市场、理发店等公共场所，他们不让人们过正常的生活，他们给男人们配发枪支，强迫他们上街巡逻。后来，他们变得更极端，更好斗，开始发动攻击和炸弹袭击。斯瓦特河谷很快沦陷为美国和塔利班组织的战场。

塔利班控制下的生活

塔利班禁止人们玩热门游戏，马拉拉最喜欢的电视频道也被关闭了。女性出门如果未穿长袍就会受惩罚。甚至学校组织的郊游活动也被叫停了。斯瓦特河谷的许多文化、历史遗迹以及艺术或多或少都遭到了毁坏。塔利班在山上发现了美丽的翡翠和绿宝石，他们开始挖宝石去卖，然后购买更多的枪支弹药。战争的乌云笼罩着美丽的斯瓦特河谷。

禁止！

"我们感觉

塔利班把我们

当布娃娃一样控制，

要求我们做什么，

要求我们穿什么。"

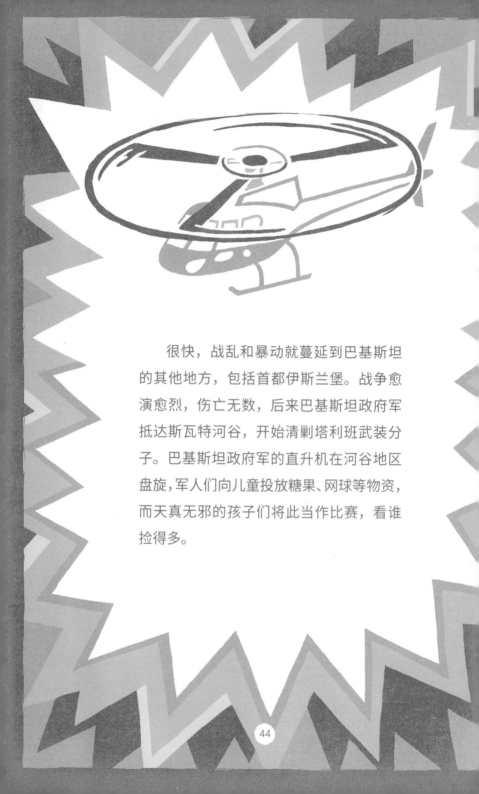

　　很快，战乱和暴动就蔓延到巴基斯坦的其他地方，包括首都伊斯兰堡。战争愈演愈烈，伤亡无数，后来巴基斯坦政府军抵达斯瓦特河谷，开始清剿塔利班武装分子。巴基斯坦政府军的直升机在河谷地区盘旋，军人们向儿童投放糖果、网球等物资，而天真无邪的孩子们将此当作比赛，看谁捡得多。

巴基斯坦政府竭力想恢复国家秩序。一位名叫**贝娜齐尔·布托**的政治家回到巴基斯坦，给巴基斯坦人民带来了一线曙光。

小贴士

贝娜齐尔·布托（1953—2007）：巴基斯坦前总理，也是巴基斯坦现代史上首位女总理，曾于1988—1990年和1993—1996年两度出任巴基斯坦总理。

　　人们从四面八方赶来一睹她的真容，并放飞象征和平与希望的和平鸽。

　　与此同时，也有很多人企图暗杀她。回到巴基斯坦后不久，她就被暗杀了。有人指控是巴基斯坦政府干的，也有人指控是塔利班干的。

你知道吗？

2007 年 12 月 27 日，在一个竞选集会上，贝娜齐尔·布托遇刺身亡。

"似乎，

我的国家已走投无路。"

美好的时光一去不复返，马拉拉不能再在屋顶凉台上任由思绪飞扬，不能再在壮观的瀑布前嬉戏玩耍。不过，让人感到安慰的是，马拉拉还能去上学。马拉拉上中学了，而且上的是"火箭班"，班上的同学勤学敏思，常常提出各种各样的问题进行讨论。他们对学习的兴趣是如此浓厚，以至于在特别的节日里，人们通常在手上画上传统的花卉和蝴蝶图案，而马拉拉和她的朋友们则在手上画上了化学和数学方程式。

马拉拉在学校刻苦学习，她和好朋友茉莉巴几乎总是班上成绩拔尖的学生。在那些黑暗危险的日子里，学校算是一个避风港，她们在那里可以开怀大笑，暂时忘掉生活中的烦恼。

她们喜欢写作，喜欢表演话剧。她们将《罗密欧与朱丽叶》改编成喜剧，同时别出心裁地融入了政治元素，暗示政府的腐败问题。

学校外面的世界，依然枪林弹雨，有好些时候炸弹就好像落在了家门口，马拉拉能感到整个厨房在摇晃。

马拉拉的爸爸和他的朋友们都知道当前最为重要的是挺身而出，反对眼前发生的影响他们正常生活的事。他们开始接受采访，希望提高人们的反抗意识。马拉拉也开始接受记者的采访，她很开心能够将自己的想法公开说出来。

"塔利班在曲解伊斯兰教。"

停课

不久后，塔利班宣布将全面禁止女孩上学。对马拉拉而言，这样的生活简直比地狱还要煎熬。因为对她而言，学校就是避风港，而如今连最后的避风港都没有了。每一天似乎都是世界末日，糟糕到了极点，并且新的一天还会有更多更糟糕的事情发生，生活简直暗无天日。

　　越来越多的人意识到塔利班的问题，但是一提到塔利班，他们就不寒而栗，并不敢公开反对塔利班。

　　很多小孩子开始玩"政府军 VS 塔利班"的游戏，而不是常玩的藏猫猫一类的游戏。无眠之夜司空见惯，每天晚上都能听到炮声隆隆，枪声齐鸣。即便马拉拉和弟弟们睡着了，也会从可怕的噩梦中惊醒。

"当你失去了上学的机会，

你就会认识到上学有多重要。"

即使马拉拉身边的一切都已支离破碎，但她仍坚强乐观，一如既往为自己的信仰奋斗。

马拉拉继续接受媒体采访。很快，英国广播公司（BBC）邀请她在网站上撰写博客，讲述她在塔利班控制下的斯瓦特河谷的真实生活。全世界有很多人都读过她的博客。

最开始时，她用笔名秘密写下文章，交给记者，由这位记者以电子邮件的形式发给英国广播公司。

马拉拉深知文字的力量，非常乐意讲述她的故事。到了 2009 年年初，马拉拉班上仅有十个女生了。随后，全面禁令实施，女孩都不能上学了。学校召开了一次特殊班会，在最后一次上课铃声响起之时，每个人都思绪万千。

那一天，马拉拉回到家，她伤心欲绝，号啕大哭，好像她已经一无所有了。从那之后，她抓住一切机会接受采访，频繁出现在媒体上，告诉全世界的人她的国家处在水深火热之中。由于她经常公开批评塔利班，许多人告诫她要小心，害怕形势会对她不利。只是，天性善良的马拉拉认为塔利班不至于暗杀一个小孩子。

几个月后，战事升级，愈演愈烈。政府军宣布即将清剿明戈拉这个城市，以图将塔利班一网打尽，于是命令当地人立即撤离。

　　马拉拉一家伤心欲绝，不知所措。斯瓦特河谷是他们一家最熟悉的地方，走投无路之下，他们简单地打包了日常必需品，挤进邻居家的车，开始撤离。

58

成千上万的老百姓都被迫撤出斯瓦特河谷，哭泣着祈祷能安全回来。许多人仅带了一些衣服。马拉拉和家人艰难地穿过公路上拥挤的人流和检查站，前往香格拉村，准备投奔亲戚。

返家

两个月的时间里，马拉拉一家辗转去了四个城镇。虽然生活艰辛，但他们知道他们算是幸运的了，因为还有成千上万的人只能挤在拥挤不堪、缺粮少水的难民营里。

60

在背井离乡的日子里，马拉拉迎来了她十二岁的生日。由于大家忙于逃难，成天胆战心惊，都忘了她的生日。而十一岁生日的场景还历历在目，那一天，家人准备了气球和生日蛋糕，邀请朋友来家里庆祝。虽然再也不能回到从前了，不过马拉拉的生日愿望一直未曾变过，她只希望**和平**早日到来。

你知道吗？

马拉拉十三岁的时候，她每晚都会祈祷，希望自己能快快长高。

一听说战争结束，可以安全返家，马拉拉一家迫不及待地收拾好行李，坐车经过面目全非的街道，人还未到，心早已飞回了家。

战后的斯瓦特河谷满目疮痍，建筑残破不堪，墙不避风，瓦不挡雨，只剩下一堆堆瓦砾以及扭曲变形的金属支架，到处一片狼藉。

人人都行动起来大扫除，在望眼欲穿中，学校开学了，这对孩子们来说算是最好的消息了。女孩子们一见面就紧紧拥抱，感觉像分开了好几年。对这一切的到来，她们欣喜若狂。

虽然塔利班武装分子仿佛消失了，但仍有不少塔利班分子藏身于山中，所以政府军仍无处不在。

许多人担心藏匿山中的塔利班会伺机卷土重来。

经历了战乱的商店重新开门营业，女性可以自由出门，但是，斯瓦特河谷地区已是物是人非，许多家庭在战乱中失去了亲人。

曾经苍翠的大树被砍掉，斯瓦特河谷地区的生态系统被严重破坏。

祸不单行，2010年，洪水来袭，摧毁了斯瓦特河谷地区，造成上万人死亡，也切断了马拉拉和家人的食物供给。

随后，这里发生的事情再次证明塔利班从未真正离开：两所学校被炸毁，齐亚丁的一些朋友因公开反对塔利班而被害。

马拉拉之声

那时，马拉拉在 BBC 网站上撰写的博客已声名远扬。她几乎每天都能接到邀请，接受电视台、广播电台的采访。马拉拉英勇无畏反抗塔利班的行为受到各种表彰，她获奖无数。

"全世界都沉默之时，

一个声音就能响彻云霄。"

巴基斯坦的学校以马拉拉的名字命名。她还获得了巴基斯坦"国家青年和平奖"，得到了一大笔奖金。

你知道吗？

"国家青年和平奖"是巴基斯坦政府颁发的奖项。这个奖项后来改名为"国家马拉拉和平奖"。

马拉拉用这笔奖金帮助有需要之人。她捐了大笔钱帮助流浪儿童，资助学校。她开始频繁参加各种重要会议，并在会上竭力请求与会者捐款支持她的公益事业。通常，她的请求都能获得成功。

　　马拉拉经常到不同城市出席活动，接受颁奖。虽然成为一名公众人物是一件很棒的事情，但她从未忘记自己的目标：要让全世界的女孩都能接受教育，享有平等权利。她下定决心要为了这个目标而奋斗终生。马拉拉和她的爸爸成为巴基斯坦反抗塔利班的代表。他们成了巴基斯坦妇孺皆知的人物。

新闻

马拉拉身处险境

马拉拉快十五岁的时候，塔利班在网上发布了一个视频，声称要杀她灭口。马拉拉的爸爸妈妈感到惊恐万分，马拉拉反而镇定自若。

"我说过，

我比恐惧强大得多。"

马拉拉曾发誓会为达到自己的目标奋斗终生，无论发生什么，都将战斗到底。学校收到威胁信后，巴基斯坦警方经常从马拉拉家人的亲朋好友中查探消息。齐亚丁不断变更日常行程路线，避免被跟踪，马拉拉每晚都把房门紧锁。

2012 年 10 月是学校的期末考试月，马拉拉比以往更努力地学习。

在期末考试前一晚，马拉拉熬夜学到了凌晨三点，她复习了考试科目的整本课本！

这是一个空气潮湿、闷热难耐的下午。放学后，
马拉拉和朋友们坐上校车，正在讨论期末考试题，
两名塔利班武装分子的突然出现，改变了一切。

他们冲上校车，想知道谁是马拉拉。

当他们确认马拉拉后，直接向她开枪射击。马拉拉很快被送往医院，但是，还没到医院，马拉拉已昏迷不醒。

劫后余生

接下来的一段时间，医生们竭尽全力抢救马拉拉。巴基斯坦的许多政治家提出承担马拉拉的一切医疗费用。她的爸爸带着她坐直升机飞往白沙瓦接受治疗。马拉拉刚遇枪击后的那几天，她的爸爸差点都要准备她的后事了，因为他不知道马拉拉能否挺过去。后来马拉拉活下来了，他认为这简直就是个奇迹。

马拉拉的头部中弹后，立马肿胀起来，后来，在连续数小时的紧张手术后，医生表示手术很成功，对后续康复很乐观。

小贴士

　　白沙瓦：位于巴基斯坦西北部，是巴基斯坦最具民族特色的城市。玄奘曾在《大唐西域记》中称这里是花果繁茂的地方。

"我可不想人们

记住我是那个被

枪击倒的女孩。

我想人们记住我是那个

勇敢站起来，

奋斗终生的女孩。"

马拉拉还需进一步治疗和康复，所以被送往英国伯明翰的一家医院，这家医院特别擅长治疗战后创伤。阿拉伯联合酋长国的王子用私人飞机将马拉拉送去英国。马拉拉在英国得到悉心照料，身体慢慢恢复。

小贴士

伯明翰：英国仅次于伦敦的第二大国际化城市。那里交通四通八达，有世界顶级公司和知名大学，比如伯明翰大学。

阿拉伯联合酋长国：简称"阿联酋"，位于阿拉伯半岛东部，首都阿布扎比。阿联酋盛产石油，有"沙漠中的花朵"之称。阿联酋迪拜的帆船酒店是世界上第一座七星级酒店。

几周后，**马拉拉**的家人拿到英国护照和签证，前往英国和她团聚。三个月后，由于她恢复良好，医生允许她出院。不过，接下来的几个月，她仍要继续接受理疗和其他治疗，直到完全康复。

小贴士

理疗：用按摩和适当运动来治疗损伤的方法。

你知道吗？

英国的医生护士们为了让马拉拉振作起来，经常给她买炸鸡和薯条。

康复后的生活

马拉拉一家随后继续在伯明翰生活，他们一如既往地为达到自己的目标而努力。

马拉拉在伯明翰就近入学。她在新学校学习刻苦用功，成绩优异，再次成为全优学生。在这里，她什么都不用担心，唯一担心的就是身上的伤疤。

你知道吗？

马拉拉一家搬到伯明翰后，她的弟弟阿塔尔发现了一种美味——巧克力榛子酱，这是由意大利厂商生产的"能多益"牌巧克力榛子酱。

早日康复

马拉拉遭到枪击的新闻快速传遍世界。她收到来自世界各地的慰问卡和礼物。巴基斯坦前总理贝娜齐尔·布托的孩子们送给马拉拉两条他们的母亲用过的头巾，其中一条，马拉拉后来在美国纽约联合国总部演讲时，就戴在头上。

你知道吗？

马拉拉在联合国发表演讲那天正是她十六岁的生日！

83

"他们想当然地

认为子弹能让

我们闭嘴，

他们想错了。

子弹带来的不是沉默，

而是成千上万

反抗的声音，

声如洪钟，

振聋发聩。"

当全家人跟着**马拉拉**一起去美国纽约时，弟弟阿塔尔问马拉拉，她做了什么大事儿让她名扬四海。阿塔尔并不关心姐姐的演讲，而对美国自由女神像和新款电子游戏更感兴趣。

塔利班想让**马拉拉**闭嘴，但事与愿违，现在马拉拉得到了全世界人民的理解和支持。

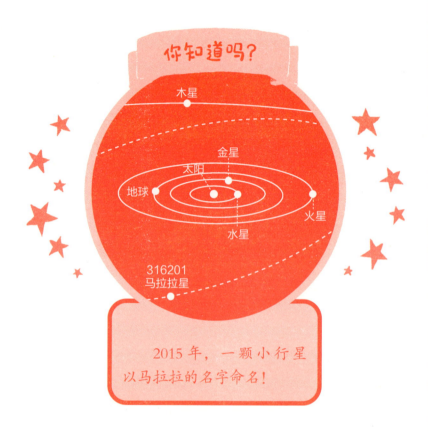

你知道吗？

木星

金星

太阳

地球

火星

水星

316201
马拉拉星

2015 年，一颗小行星以马拉拉的名字命名！

马拉拉还清楚地记得几年前她曾祈祷自己快快长高。她现在觉得，虽然自己没有如期望的那样长得又快又高，但是她感觉自己已经高入天际，无法测量。

　　马拉拉因大胆无畏获奖无数。她家的墙上挂满了世界各地给她颁发的奖状和奖章。

你知道吗？

马拉拉是年龄最小的"诺贝尔和平奖"得主。

"一个小孩子、一名老师、一本书、一支笔，就能改变世界。"

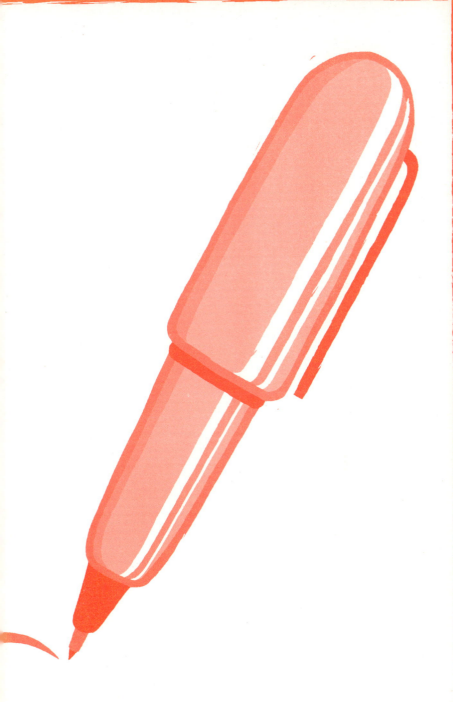

马拉拉的影响力

　　马拉拉将"诺贝尔和平奖"的全部奖金，约 349 万元捐给了马拉拉基金会。马拉拉基金会是马拉拉成立的一个慈善机构，旨在帮助全世界的女孩接受教育。每年，马拉拉在生日那天，都会去探望正在努力奋斗的女孩们，同她们一起工作。十七岁生日那天，她去了非洲的尼日利亚，看望了被称为"尼日利亚塔利班"的博科圣地组织迫害的受害者们；十八岁生日那天，她去难民营看望了叙利亚的女孩们，为她们建了一所学校；十九岁生日那天，她去非洲看望了身处困境的卢旺达和肯尼亚的女孩们。

　　高中毕业后，**马拉拉**被英国首屈一指的大学——牛津大学录取，主修政治、哲学、经济学。她在牛津大学学习期间，一如既往地刻苦努力，同时她也合理安排时间，致力于为全球女孩争取受教育权的公益事业。

　　马拉拉偶尔也会想起遭到枪击那天的情景，偶尔也会感到焦虑恐惧，不过有马拉莱精神的支撑，她一如既往地为女孩受教育权发自肺腑地大声疾呼。她的话激励的不是一支军队，而是一股更强大的力量：全世界的女性。

"全世界有

6600 万

女孩被剥夺了受教育权，

我就是其中一个。

今天我站在这儿，
大声发出的不是
我一个人的声音，
而是 6600 万
女孩的心声。"

1989 年

1979 年，苏联军队入侵阿富汗，导致长达十年的战争。1989 年，苏联军队从阿富汗撤离。

1996 年

阿富汗塔利班武装控制了阿富汗首都喀布尔。

2004 年

美国开始使用无人机轰炸巴基斯坦西北部地区。

997 年

97 年 7 月 12 日，拉拉生于巴基坦西北边境地——美丽的斯特河谷。

001 年

001 年 9 月 11 日，"基地"组织袭击了美国纽约的世界贸易中心。作为回应，美国开始轰炸阿富汗。

2005 年

法兹卢拉同巴基斯坦塔利班武装开始在斯瓦特河谷宣扬自己的极端思想，下令禁止女孩上学。

2008 年

年仅十一岁的马拉拉在白沙瓦首次公开发表反对塔利班的演讲。

2009 年

法兹卢拉宣布禁止女孩上学，但是马拉拉仍秘密上学。

2009 年 5 月

巴基斯坦政府军进入斯瓦特河谷，开始清剿塔利班武装分子。马拉拉和家人不得不背井离乡，投靠亲戚。

2009 年 1 月 3 日

马拉拉用古尔·马卡伊的笔名在 BBC 的网站上撰写博客，讲述自己作为一个女学生在塔利班控制下的生活。

2009 年 7 月

塔利班武装战败，马拉拉一家返家，她又可以正常上学、自由出行了。

2010 年

因其为 BBC 写的博客，马拉拉声名远扬。她继续为女孩受教育权大声疾呼、努力奋斗。

2011 年 10 月

十四岁的马拉拉被提名"国际儿童和平奖"候选人

011 年 12 月

拉拉获得巴基斯坦
国家青年和平奖"。

2012 年 10 月 9 日

期末考试结束后，在回家的校车上，年
仅十五岁的马拉拉被两名塔利班武装分
子开枪击中。她的两位朋友也受伤了。
后来，马拉拉乘飞机前往英国伯明翰的
医院接受治疗，随后慢慢康复。

2012 年 10 月 15 日

马拉拉发起了一项"我是马拉拉"的请愿活动，争取在 2015 年能让每个孩子上学。

2013 年 10 月

马拉拉出版了自《我是马拉拉》，立了马拉拉基金会

2013 年 7 月 12 日

十六岁生日那天，马拉拉在联合国发表演讲。

2015 年

马拉拉一如既往地为马拉拉基金会努力工作，到世界各地帮助女孩子们争取学习的机会。

14 年 10 月

拉拉获得"诺贝
和平奖"。

2017 年

马拉拉在牛津大学学习政治、哲学、经济学。

开动脑筋

设想一下，如果你不能上学，你会有什么样的感受？只是因为马拉拉是女孩就被禁止上学，你觉得马拉拉会有什么样的感受？

马拉拉发表了一些非常精彩的演讲，讲述了教育的重要性。你有没有看过她的演讲？可以去网上找来看看。

马拉拉的人生充满了欢乐，也充满了艰辛：背井离乡、秘密上学、遭遇枪击、住院治疗。你能想到是什么样的品质帮助马拉拉积极影响了全世界的人吗？

马上想一想你最崇拜的人。真实的或是虚构的，任何人都可以！你能列出他们的品质吗？想一想是什么品质让他们成为优秀的人物。

　　马拉拉热爱教育。她爱学习并且认为人人都应有学习机会。你能想一想你喜欢什么吗？可以是学校的课程，可以是一项有创意的技能，也可以是你真心喜欢的业余爱好。你为什么喜欢它？你是否认为只要人们想学习，就都应该有机会去学？

索引

引用来源

　　文中直接引语源自马拉拉的自传《我是马拉拉》（马拉拉·优素福扎伊、克里斯蒂娜·兰姆，2013）。

　　还有一部分引语来自：

　　第6页：《马拉拉来到联合国》（潘基文，《赫芬顿邮报》，2013年8月7日）

　　第15页：《爱比萨、有双重性格、怕老师：认识真正的马拉拉》（路易斯·卡朋特，《每日电讯报》，2015年10月17日）

　　第73页：《马拉拉赋予了世人比'社交媒体更强大'的权利》（艾米·罗巴克，《美国广播公司新闻网》，2014年7月14日）

　　第84、88页：马拉拉在联合国的演讲，2013年7月12日

　　第92、93页：马拉拉获得"诺贝尔和平奖"，发表获奖感言，2014年12月10日

图书在版编目（CIP）数据

马拉拉·优素福扎伊：为梦想而战／（英）里巴·努·可汗著；（意）丽塔·佩鲁乔里绘；苏艳飞译.—成都：天地出版社，2021.7
（非凡成长系列）
ISBN 978-7-5455-6351-1

Ⅰ.①马… Ⅱ.①里…②丽…③苏… Ⅲ.①马拉拉·优素福扎伊-生平事迹-青少年读物 Ⅳ.①K833.538.5-49

中国版本图书馆CIP数据核字(2021)第071297号

著作权登记号　图进字：21-2021-192

MALALA·YOUSUFUZHAYI: WEI MENGXIANG ERZHAN
马拉拉·优素福扎伊：为梦想而战

出品人	杨 政	策划编辑	李婷婷
总策划	陈 德 戴迪玲	责任编辑	奉学勤
著 者	[英]里巴·努·可汗	营销编辑	李倩雯 吴 咚
绘 者	[意]丽塔·佩鲁乔里	美术设计	谭启平
译 者	苏艳飞	责任印制	刘 元 葛红梅

出版发行	天地出版社
	（成都市槐树街2号　邮政编码：610014）
	（北京市方庄芳群园3区3号　邮政编码：100078）
网 址	http://www.tiandiph.com
电子邮箱	tianditg@163.com
经 销	新华文轩出版传媒股份有限公司

印 刷	北京文昌阁彩色印刷有限责任公司
版 次	2021年9月第1版
印 次	2021年9月第1次印刷
开 本	880mm×1230mm 1/32
印 张	3.5
字 数	80千字
定 价	28.00元
书 号	ISBN 978-7-5455-6351-1